AF468066

ALBERT MAURIN

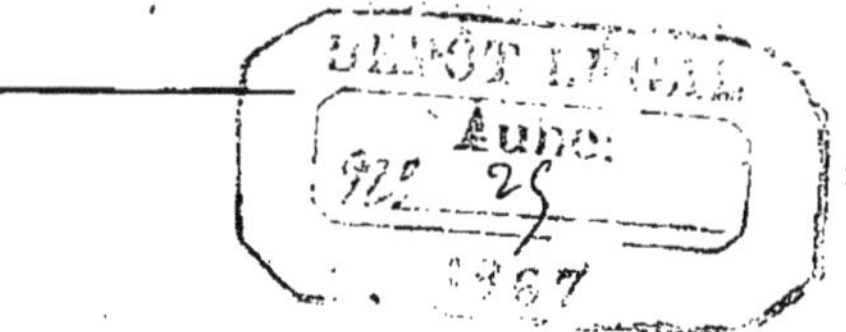

LE PROJET DE LOI SUR LA PRESSE

PARIS
LEDOYEN, LIBRAIRE-ÉDITEUR
Palais-Royal, Galerie d'Orléans.

MARS 1867

LE

PROJET DE LOI SUR LA PRESSE

(Extrait du NAPOLÉONIEN de Troyes des 21, 22 et 23 février 1867.)

I.

Le *Journal des Débats* vient de donner l'analyse du nouveau projet de loi sur la presse, soumis au conseil d'Etat. Ces sortes de renseignements un peu prématurés, ne peuvent être reproduits que sous toutes réserves ; mais est-ce à dire qu'il vaudrait mieux s'abstenir de les publier ? La *Patrie* s'exprime ainsi à ce sujet dans un de ses derniers numéros :

« Le projet de loi sur la presse est encore soumis

à l'examen des sections compétentes, et ne viendra, croyons-nous, devant le conseil d'Etat qu'après celui sur le droit de réunion.

« C'est pourquoi nous avons pensé qu'il y avait lieu de nous abstenir de faire connaître en détail toutes les dispositions premières, arrêtées dans les conférences du ministère de la justice, et qui ont subi d'ailleurs des modifications dans le conseil des ministres, comme elles peuvent en subir dans les sections du conseil d'Etat.

« Il y a même là une observation importante à faire, c'est que les projets de loi, tant qu'ils ne sont pas sortis des délibérations du conseil d'Etat, ne peuvent être considérés comme tels, puisque l'élaboration se continue, et que telle disposition arrêtée aujourd'hui peut être abandonnée demain.

« Nous ne tiendrons donc pas pour absolument exactes et susceptibles, par conséquent, d'être publiées, toutes les indications, si fidèlement recueillies qu'elles soient, que nous trouvons encore ce matin dans plusieurs journaux.

« La loi sur la presse est une de celles qui auront subi le plus de modifications successives ; elle ressemble en cela au projet de loi sur l'armée, à propos duquel les renseignements ont si souvent varié.

« Nous avons lieu de croire, cependant, que le travail sera hâté par le gouvernement, tant pour cette loi que pour celle relative au droit de réunion, de façon à ce que le Corps législatif puisse en être saisi vers la fin du mois ou au plus tard dans la première semaine de mars. »

Nous ne partageons pas l'opinion de la *Patrie*. C'est précisément parce que la rédaction du projet de loi sur la presse n'est pas encore définitive ; c'est parce qu'elle est susceptible de recevoir, en traversant les discussions du conseil d'Etat, des modifications sensibles, comme elle en a déjà subi, paraît-il, en traversant le conseil des ministres, que nous voulons en parler, et que nous pensons en parler avec quelque utilité. L'Empereur, dans la lettre du 19 janvier à S. Exc. M. le ministre d'Etat Rouher, a promis au pays des réformes libérales; les membres du gouvernement, intelligents interprètes de la pensée impériale, sont tous d'accord pour réaliser fidèlement cette pensée : trop de lumière ne saurait donc être apportée, et le moment le mieux choisi pour que cette lumière se fasse, est celui où les projets sont en élaboration.

Voici donc quelles seraient les dispositions du projet de loi :

« L'article 1er supprimerait l'autorisation préalable.

« L'article 2 fixerait le cautionnement à 80,000 fr. dans les départements de la Seine, de Seine-et-Oise, de Seine-et-Marne, du Rhône, et dans les arrondissements dont les chefs lieux ont plus de 100,000 habitants.

« Le cautionnement serait de 40,000 francs dans les villes de 50 à 100,000 âmes, et de 25,000 francs dans toutes les autres localités. Un délai de deux mois serait accordé pour compléter ces cautionnements.

« L'article 3 concernerait la déclaration préalable du titre du journal, des noms des propriétaires gérants et imprimeurs.

« L'article 4 abolirait les peines portées à l'article

5 de la loi du 17 février 1852. (Cet article concerne l'autorisation préalable.)

« L'article 5 soumettrait les journaux, écrits et recueils périodiques au timbre.

« Les feuilles de 72 décimètres carrés et au-dessous payeraient 4 centimes dans les départements de Seine, Seine-et Oise et Seine-et-Marne, et 2 centimes partout ailleurs. Au-dessus de 72 décimètres, il y aurait un droit supplémentaire de 1 ou 2 centimes par 10 décimètres carrés. Les suppléments contenant le compte-rendu des chambres seraient exempts.

« L'article 6 déclarerait exempts du timbre les journaux consacrés à la littérature, aux sciences, aux beaux arts et à l'agriculture, ne paraissant pas plus de trois fois par semaine, et ne publiant pas d'annonces. Si ces deux dernières conditions n'étaient pas remplies, ils seraient soumis à un timbre de 2 centimes.

« D'après l'art. 7, tout journal littéraire exempt du timbre, perdrait ce privilége pour le seul fait d'avoir publié un article traitant de matières politiques ou sociales.

L'article 8 imposerait à tous les journaux, timbrés ou non, l'obligation du dépôt des numéros au parquet.

« D'après l'article 9, l'inviolabilité des membres du Corps législatif ne subsisterait pas en cas de poursuites pour délits de presse.

« D'après l'article 10, la publication d'un article signé par une personne privée de ses droits civils et politiques, ou à laquelle le territoire français serait interdit, encourrait une peine de 1,000 à 5,000 francs.

« L'article 11 détermine les formes et les délais de la citation des personnes poursuivies.

« L'article 12 porterait que, dans tous les cas où les lois prononcent contre les délits commis par la voie de la presse périodique, l'emprisonnement et l'amende, l'amende seule serait prononcée.

« Cette amende serait pour les journaux soumis au cautionnement, du vingtième au minimum, et au maximum de la moitié du cautionnement. Pour les journaux non assujettis au cautionnement, le minimum de l'amende serait de 500 fr., et le maximum de 10,000 fr.

« L'article 463 du code pénal (relatif aux circonstances atténuantes) ne serait pas applicable.

« L'article 13 porterait que tout individu condamné pour délit de presse, peut être, par le jugement de condamnation, suspendu pendant cinq ans au plus de l'exercice de ses droits électoraux.

« L'article 14 déclarerait que la condamnation pour crime commis par la voie de la presse entraînerait de plein droit la suspension du journal dont le gérant serait condamné. En cas de récidive d'un délit, le tribunal pourrait suspendre le journal pour quinze jours au moins et deux mois au plus. En cas d'une troisième condamnation, le tribunal pourrait prononcer une suspension de deux à six mois, et même la suppression. La suspension et la suppression pourraient également être prononcées par un premier jugement ou arrêt de condamnation, si la condamnation était encourue pour provocotion à l'un des crimes prévus par les articles 86, 87 et 91 du Code pénal.

« L'article 15 autoriserait l'exécution provisoire des jugements, nonobstant appel, si une disposition spéciale était introduite à ce sujet dans le jugement. »

Après la suppression de l'autorisation préalable, l'élévation du cautionnement est la première chose qui nous frappe dans le nouveau projet de loi. Le cautionnement est aujourd'hui de 50,000 fr. dans les départements de la Seine, Seine-et Oise, Seine-et-Marne et du Rhône; de 25,000 fr. dans les villes de cinquante mille âmes et au-dessus; de 15,000 fr. dans les autres villes. Mais le cautionnement est réduit à 30,000 fr., 12,500 fr., et 7,500, pour les feuilles périodiques paraissant au plus trois fois par semaine.

La nouvelle loi semblerait donc aggraver d'une manière très sensible la situation actuelle, puisque non-seulement elle doublerait presque les cautionnements, mais qu'elle imposerait encore le maximum, porté à 80,000 fr., à tous les arrondissements dont le chef-lieu a plus de cent mille âmes. Avant d'aller plus loin, remarquons qu'il n'est pas fait de distinction entre les feuilles paraissant plus ou moins de trois fois par semaine. Les renseignements donnés par la feuille parisienne sont-ils incomplets, ou la distinction n'existe-t-elle pas, en effet, dans le projet soumis au conseil d'Etat ? Nous aimons mieux nous arrêter à la première de ces suppositions Quant à l'élévation générale du cautionnement, et à l'application du cautionnement maximum à tous les arrondissements dont le chef-lieu dépasse 100.000 âmes, nous savons bien qu'on peut défendre ces deux mesures par des considérations puisées dans la nouvelle législation même L'autorisation est supprimée. Il était beaucoup plus difficile, personne ne le niera, d'obtenir l'autorisation préalable, qu'il ne le sera, pour les futurs fondateurs de journaux, de se procurer l'excédant de cautionnement exigé d'eux : donc il y aurait amélioration, progrès réel, si le préjudice ne subsistait pas tout entier pour les feuilles actuellement en cours de publication. Celles-ci perdront non-seulement l'espèce de monopole que leur donne l'obligation de l'autorisation, mais elles devront encore verser dans les caisses du trésor un excédant de cautionnement, qui pour les villes au-dessus de 100.000 âmes atteindra le chiffre de 55,000 francs!

L'article 5 fixerait le timbre à 4 centimes pour les feuilles politiques et d'économie sociale, dans les départements de la Seine, Seine-et-Oise et Seine-et-Marne, et à 2 centimes partout ailleurs.

Ainsi, l'écart de 3 centimes qui existe aujourd'hui entre le timbre des feuilles parisiennes et celui des feuilles de province se trouverait diminué : les premières obtenant une réduction de 2 centimes, les secondes une réduction de 1 centime seulement. Il est incontestable, cependant, que cet écart est essentiel aux intérêts légitimes des journaux de département, et qu'il est pleinement justifié par la situation respective des deux presses. Les journaux de Paris s'adressent à toute la France, tandis que les journaux de province n'intéressent qu'un département ou même un arrondissement ; les premières n'ont pour ainsi dire pas de limite à leur extension ; leur prix d'abonnement est plus élevé, le produit de leurs annonces atteint des proportions énormes, et tout impôt, sous peine de devenir une véritable confiscation, doit être rigoureusement proportionné aux facultés imposables.

Un dégrèvement inégal est en réalité un impôt inégal. Admettons un instant que la loi du timbre n'existe pas ; que les feuilles de Paris et celles de province se soient fondées et soient en cours de publication, dégagées de toutes charges fiscales. Viendrait-il à la pensée de quelqu'un qu'on pût, en établissant l'impôt du timbre, frapper la province d'un timbre supérieur de 1 centime à celui de Paris ? Evidemment cette pensée ne viendrait à personne ; c'est le contraire qui paraîtrait juste, la presse de province offrant, si nous pouvons nous exprimer ainsi, moins de surface imposable que la presse de Paris. Eh bien ! n'est-ce pas réaliser indirectement cet impôt inégal, au profit des journaux de la capitale, que de détruire l'écart existant et de faire que cet écart descende de 3 à 2 centimes ?

Examinons de plus près la réduction qui fait l'objet de l'article 5 du projet de loi. En apparence elle est proportionnelle, puisque le timbre de la province (2 au lieu de 3) continuera d'être de moitié moins élevé que celui de Paris (4 au lieu de 6) ; en réalité, comme dégrèvement, elle favoriserait dans d'assez larges proportions la presse de Paris au détriment de la presse de province. La première, avec le nouveau régime bénéficierait de 2 centimes par exemplaire, c'est-à-dire pour les 360 numéros d'une année, de 7 fr. 20 centimes par abonné. La seconde ne bénéficierait que de 1 centime, soit de 3 fr. 60 c. par abonné, pour les journaux paraissant quotidiennement ; 3 fr. 12 c. pour les journaux paraissant 6 fois par semaine ; 2 fr. 60 c. pour ceux paraissant 5 fois ; 2 fr. 08 c., pour les journaux paraissant 4 fois ; 1 fr. 56 c., pour les journaux paraissant 3 fois : 1 fr. 04 c., pour les journaux paraissant 2 fois, et 52 centimes pour les journaux hebdomadaires.

La feuille parisienne qui réaliserait une économie de 7 fr. 20 c. par an et par abonné, pourrait l'appliquer soit à l'amélioration de sa publicité, soit à la diminution de son prix d'abonnement. Le journal de province le plus favorisé, ne pourrait consacrer à l'un ou à l'autre de ces objets que 3 fr, 60 c., le moins favorisé 52 centimes !

Une combinaison qui consisterait à frapper la presse parisienne d'un timbre de 4 centimes et la presse départementale d'un timbre de 1 centime, laisserait entre les deux presses l'écart existant actuellement. Le régime de l'impôt du timbre admis, c'est celle qui nous semblerait le mieux établie pour ne pas faire regretter à la presse départementale la précédente fiscalité.

Mais, pour mieux entrer dans les vues libérales de la lettre du 19 janvier, pourquoi s'arrêter aux demi-mesures, et ne pas proclamer :

L'abolition du timbre fiscal;

L'adoption d'un timbre postal :

Ce timbre postal unique serait plus ou moins élevé, suivant que le journal serait mis à la poste pour être distribué dans le département, dans les départements limitrophes ou dans le reste de la France. Les journaux distribués par des porteurs dans la ville et dans l'arrondissement postal où ils ont été imprimés, seraient exempts de tout timbre. C'est à peu près ce qui se pratique en Angleterre.

Paris aurait ainsi sa presse à bon marché, et la province aurait la sienne. Paris paie en ce moment 10 centimes de timbre et de poste ; en ne payant plus que 5 ou 6 centimes, par exemple, pour les numéros expédiés dans les départements, une large satisfaction lui serait donnée, et nul dommage n'en résulterait pour les feuilles locales, qui se soumettraient également sans se plaindre au timbre d'exportation proportionnel à la distance, puisqu'elles auraient leur libre expansion dans la ville même où elles prennent naissance, et un avantage sur les journaux de Paris, dans leur propre département et dans les départements limitrophes : le timbre postal étant fixé, pour ce genre d'affranchissement, à la moitié de ce que ces feuilles payeraient pour être expédiées dans le reste de la France.

Il y a là un système à étudier, sur lequel nous appelons l'attention du gouvernement et de nos législateurs.

Il nous serait facile maintenant de prouver qu'au point de vue politique, aussi bien qu'au point de vue d'une stricte répartition fiscale, les feuilles de province, dont la très grande majorité prête un appui si actif, si dévoué, si intelligent aux idées impériales, devaient s'attendre, peut-être, nous ne dirons pas à plus de faveur, mais à plus de justice qu'elles n'en trouvent dans le projet de loi.

Et nous sommes d'ailleurs fort à l'aise, dans ce journal, pour traiter la question du timbre comme nous le faisons. Le modeste concours que nous y donnons, depuis sept ans, à la politique du gouvernement, nous garantit contre toute imputation d'opposition systématique ou d'hostilité ; et, d'un autre côté, la conviction que nous avons que l'Empereur et ses conseils n'ont jamais cessé de travailler au développement progressif, sagement réglé, des libertés qui doivent être le couronnement de l'édifice, nous autorise à penser que toute lumière est bien accueillie, dans les les régions du pouvoir, surtout quand elle est portée par une main amie.

II.

Nous avons examiné dans un premier article quelques-unes des conditions matérielles que ferait à la presse politique le projet de loi soumis en ce moment à l'examen du conseil d'Etat : augmentation du cautionnement, mais suppression de l'autorisation préalable ; diminution des droits fiscaux de timbre, mais inégalité entre le dégrèvement accordé à la presse parisienne et celui accordé à la presse départementale ; toute compensation faite, cependant, amélioration sensible de l'état de choses qui subsistait en vertu des dispositions du décret organique du 17 février 1852. A propos du taux du cautionnement, il ne faut pas oublier que, sous le gouvernement de juillet, il était, à Paris, de *cent mille francs*, et que cent mille francs, avant 1848, avant l'invasion de l'or californien, représenteraient aujourd'hui une valeur d'un tiers plus élevée. Le chiffre de 80,000 francs n'a donc rien d'excessif, à ce point de vue rétrospectif, et dans tous les cas ce ne serait ni aux amis de M. Guizot, ni à ceux de M. Thiers qu'il appartiendrait de se plaindre.

Nous nous arrêterons un instant sur l'article 6, qui déclare exemptes du timbre les feuilles consacrées à la littérature, aux sciences, aux beaux-arts, à l'agriculture, ne paraissant pas plus de trois fois par semaine et ne publiant pas d'annonces. Un timbre de 2 centimes frapperait celles de ces feuilles dont la périodicité serait moins restreinte, ou qui livreraient leur quatrième page à la publicité industrielle. Toutes seraient exemptes du cautionnement.

Il n'est pas inutile de jeter encore ici un regard en arrière, pour faire remarquer que toutes les publications périodiques paraissant plus d'une fois par mois, étaient soumises au timbre avant 1848, même les feuilles de musique; une seule exception était admise en faveur des feuilles agricoles, (loi du 16 juillet 1840.) Quant à l'exemption du cautionnement (à Paris 100,000 fr. pour les journaux paraissant plus de 2 fois par semaine; 75,000 fr. 2 fois par semaine; 50,000 francs une fois par semaine; 25,000 f. une fois par mois,) elle n'était accordée qu'aux feuilles exclusivement consacrées aux sciences et aux arts dont s'occupent les trois académies : des Sciences, des Inscriptions et Belles-Lettres, et des Beaux-Arts, de l'Institut; — aux journaux littéraires ne paraissant au plus que deux fois par semaine; aux écrits périodiques étrangers aux matières politiques, et publiés dans une autre langue que la langue française.

Pour apprécier la somme des libertés conquises, pour mesurer le progrès accompli, il ne suffit pas de consulter les aspirations du moment et de se demander si elles sont satisfaites dans toute leur étendue ; il faut encore interroger le passé et considérer le point de départ. Le passé, ici, remonte seulement à vingt ans. Il y a vingt ans, sous un gouvernement qui se disait libéral, et qui l'était dans de certaines proportions, sous une royauté issue d'une révolution faite au cri de vive la liberté de la presse, une feuille littéraire comme le *Figaro* ou le *Petit journal*, eût été soumise à un cautionnement de 100,000 fr. et au timbre proportionnel de 5 ou 6 centimes ; le *Siècle*, dans son format actuel, eût également payé 6 centimes de timbre, et son cautionnement eût été aussi de 100,000 fr. D'après le nouveau projet, le *Siècle* ne verserait qu'un cautionnement de 80,000 fr., son timbre ne serait que de 4 centimes ; le *Figaro* timbrerait à 2 centimes et n'aurait pas de cautionnement. Remarquons qu'au bas mot, la réduction du timbre se résumera pour le *Siècle*, en une réduction annuelle de *trois cent mille francs* sur son budget des dépenses. — On n'a pas l'idée d'un semblable système de compression !

Abordons maintenant l'ordre des intérêts moraux et politiques de la presse. Le fait dominant est la suppression de la juridiction administrative, la rentrée de la presse dans le droit commun, qui soumet tous les délits aux tribunaux correctionnels. Les journaux de l'opposition déclarent aujourd'hui qu'à ne pas avoir un jury pour tribunal, ils préfèrent encore le régime du bon plaisir administratif, l'avertissement motivé avec toutes ses conséquences. Mais pendant quinze ans, ils n'ont cessé de dire que le code le plus draconien, les tribunaux les plus sévères leur paraîtraient un bienfait, si on les substituait au régime du pouvoir discrétionnaire. On leur donne enfin un code où, parmi les peines édictées, ne figure plus l'emprisonnement; où les peines corporelles sont toujours remplacées par l'amende; le tribunal de tout le monde les jugera.... devant tout le monde; ils auront l'appel, le recours en cassation; ils pourront épuiser tous les degrés de juridiction.... Et ils se sentent pris d'une tendresse soudaine et fort imprévue pour le cabinet du ministre où ils étaient jugés à huis-clos, pour l'avertissement qui frappait sans appel, pour la suspension et la suppression par voie administrative! Cela nous fait souvenir que lorsque la presse avait le jury, on accusait le gouvernement de *trier* les jurés.

L'amende prononcée contre les délits de presse serait, aux termes du projet de loi, du vingtième au minimum, et au maximum de la moitié du cautionnement, pour les feuilles politiques. Pour les feuilles littéraires, elle serait de 500 à 10,000 fr.

Quelques-uns des journaux qui ont déjà traité le sujet qui nous occupe, déclarent qu'une telle exagération des peines pécuniaires serait la ruine de la presse. Si le cautionnement porté à 80.000 fr., disent-ils, reste sous le coup d'amendes pouvant s'élever à 40,000 fr., comment des hommes politiques, « riches de talent et de convictions, mais pauvres de capital, » pourront-ils tenter une entreprise qui les exposerait à une ruine si prompte? Il est évident que, pour quelques journaux de Paris, une amende de 40,000 f., serait sinon la ruine, du moins la détresse; mais ne faut-il pas considérer que l'exagération de l'amende, dans le nouveau projet de loi, est une conséquence presque forcée de l'abolition des peines corporelles? Le journal peut être frappé, avec la législation existante, dans la personne du gérant, dans celle du signataire de l'article, et par-dessus le marché dans son capital; avec la future législation, c'est le capital qui supporterait tout le poids de la vindicte publique. Sous la Restauration et sous le gouvernement de juillet, avant la promulgation des lois de septembre, les propriétaires et rédacteurs en chef des feuilles politiques s'adjoignaient des gérants de *paille*, qui signaient le journal et qui allaient en prison. Ils y allaient souvent; mais ces gérants avaient soin de stipuler des appointements différentiels : tant par mois, quand ils jouissaient de leur liberté, et tant, lorsqu'ils gémissaient sur la paille humide des cachots. Certaines feuilles, connues pour leur humeur trop batailleuse, ne trouvaient de gérants qu'aux plus onéreuses conditions, ce qui les condamnait pour ainsi dire à l'amende perpétuelle !

Nous ne discuterons pas ici les chiffres donnés par le projet de loi, tel que l'ont publié les *Débats*. Selon nous, le mode de fixation de l'amende soulève une question bien plus importante que celle du chiffre même que peut atteindre la condamnation pécuniaire. Parmi les grands principes qui dominent notre législation, figure au premier rang l'égalité des peines pour les mêmes délits, commis dans les mêmes circonstances, avec les mêmes intentions. Que devient cette égalité, si les amendes sont basées sur le cautionnement ? Le maximum de l'amende étant fixé à la moitié du cautionnement, voici ce qui pourrait en résulter. Deux journaux politiques sont poursuivis pour le même délit, dans des circonstances identiques, l'un à Paris, l'autre dans une ville dont la population est au-dessous de cinquante mille âmes. Ce délit est de nature à entraîner l'application du maximum de l'amende. La feuille parisienne a déposé un cautionnement de 80,000 fr., elle payera une amende de *quarante mille francs* ; la feuille de province, dont le cautionnement est de 25,000 fr., sera frappée de *douze mille cinq cents francs*. Où sera l'égalité de la peine ? Qu'il s'agisse du minimum, le tribunal de province pourra bien abaisser l'amende au vingtième de vingt-cinq mille francs. c'est-à-dire à *douze cent cinquante francs* ; le tribunal correctionnel de Paris ne pourra, quelle que soit la nature du délit, descendre au dessous de *quatre mille* francs. Nous appelons encore sur cette question toute l'attention de nos législateurs.

Mais on a vu que d'autres peines peuvent être ajoutées à l'amende : la privation de l'exercice des droits électoraux, pendant cinq ans au plus; la suspension et même la suppression du journal. Enfin, l'article 463 du Code pénal, relatif aux circonstances atténuantes, ne serait pas applicable aux délits commis par la voie de la presse, et les jugements seraient exécutoires provisoirement, nonobstant appel, si une disposition spéciale était introduite à ce sujet dans le jugement. On ne saurait dissimuler que ces dispositions sont très rigoureuses. Nous faisons des vœux pour que le conseil d'Etat juge opportun de les adoucir dans une certaine mesure. Peut-être seront-elles modifiées par voie d'amendement par le Corps législatif. Il ne faut pas oublier qu'au-dessus des divers projets de loi qui ont été préparés, à la suite de la lettre impériale du 19 janvier, cette lettre s'élève comme un phare; en la prenant pour guide, nous ne saurions nous égarer. L'Empereur a dit : « Par les mesures que je « viens d'indiquer, je n'ébranle pas le sol « que quinze années de calme et de prospé-

« rité ont consolidé ; je l'affermis davantage, « en rendant plus intimes mes rapports avec « les grands pouvoirs publics, *en assurant par* « *la loi, aux citoyens, des garanties nouvelles* ; « en achevant enfin le couronnement de l'édifi- « ce élevé par la volonté nationale. »

Le projet de loi sur la presse contient plusieurs de ces garanties promises aux citoyens ; mais ses rédacteurs se sont préoccupés d'un autre ordre de garanties, celles que réclame la société elle-même. La répartition en a-t-elle été faite d'une manière rigoureusement exacte ? L'un des deux plateaux de la balance ne penche-t-il pas un peu plus que l'autre ? Nous avons essayé de le rechercher et de le constater, dans les limites de l'action qui nous appartient. Dans quelques jours, le corps législatif sera saisi du projet de loi, et nous sommes du moins certain que le jugement qu'il rendra, ne sera pas rendu « sans phrases. »

ALBERT MAURIN.

IMPRIMERIE DE J. BRUNARD, A TROYES.

www.ingramcontent.com/pod-product-compliance
Ingram Content Group UK Ltd.
Pitfield, Milton Keynes, MK11 3LW, UK
UKHW020551230726
13925UKWH00006B/2520

9 782013 577625